JN056724

これでできる！

わくわく
ファシリテーション

アクティブ・ラーニング時代の授業づくり・学校づくり

にいがたファシリテーション授業研究会

目　　次

第Ⅱ部　これでできる！"わくわく"する学校づくり

この本について
“わくわくファシリテーション”を実践すると，こんな授業や学校をつくることができます！

「アクティブ・ラーニングに挑戦しているけれど，どうもうまくいかない……」「会議ではいつも同じ先生ばかりが発言している……」，こんな悩みをおもちではありませんか？

そんな先生はぜひ一度，にいがたファシリテーション授業研究会がお薦めする“わくわくファシリテーション”を試してみてください。

【授業では】

- □ 子どもたちが主役になる
- □ 自ら考え，自ら学びとろうとする
- □ 自分なりに工夫してノートを書く
- □ 学び合い，教え合う関係が生まれる

【学級では】

- □ 先生が子どもの気持ちに寄り添い，話をじっくり聴く
- □ 子どもが授業に集中する
- □ 先生と子ども，子ども同士の信頼関係が育まれる
- □ 男女やグループなど関係なく仲がよい

【話合い活動では】

- □ 誰もが自分の考えや思いを伝える
- □ 本音を言い合える
- □ お互いのよさや違いを認め合える
- □ みんなが納得できる答えを導き出す

【学校全体では】

- □ 教務室には安心でき、明るい雰囲気がある
- □ 助け合い，補い合える，チームワーク抜群の教師集団である
- □ 学校のビジョンや育てたい子ども像を保護者や地域住民と共有して，地域に役立つ，求められる人材を育てられる学校になる

この本には，アクティブ・ラーニング時代の授業や学校をつくるアイデアやノウハウがぎっしりと詰まっています。

さあ，あなたもページを開いて，みんなが主役になれる“わくわくファシリテーション”を実践してみましょう！

第Ⅰ部　これでできる！
"わくわく"する授業づくり

before

after

　ファシリテーション（facilitation）とは、「グループによる活動が円滑に行われるように支援すること。特に、組織が目標を達成するために、問題解決・合意形成・学習などを支援し促進すること。また、そのための方法」（大辞林）です。

　これまでの授業づくりでは、「教師が分かりやすく教えれば、子どもは楽しく学べる」という視点を前提にしてきました。ですが、アクティブ・ラーニング時代の授業づくりでは、「楽しく学ぶことができれば、子どもは分かりたくなり、分かろうとする」という視点も大切にしてみましょう。このとき、子どもだけでなく教師も"わくわく"するほど楽しい学びならば、言うことなしですね。

　第Ⅰ部では、そんな"わくわく"するほど楽しい"わくわくファシリテーション"を実践した授業の事例を３つ紹介するとともに、多くの先生方から研究会に寄せられる質問にお答えします。

⚫国語 シンキングツールを使って，みんなが考え，発言できる "わくわく"な場をつくる！

単元名 「物語の面白さを語り合おう」（小学校5年生）

シンキングツールを使うと同じデザインで思考したり，交流したりできるので，話題に沿った自然な対話が促されます。

　子どもには，いろいろな個性があります。一所懸命に考えたけれど，みんなの前で意見を言えない子。いろんな考えを発想するけれど，まとめられず言葉にできない子。
　"わくわくファシリテーション"では，友達との対話の中でどの子にも発言や認め合う機会が保証されます。だからこそ，授業で"わくわくファシリテーション"を実践するのです。

ステップ 1.2.3

シンキングツールを使って楽しく学習活動を組織し，子どもたちの対話を促します。

ステップ 1 シンキングツールに慣れさせるための活動をする。

ステップ 2 何のために，どの場面で導入するかを明確にする。

ステップ 3 発問を精選し，学習環境等の準備・整備をする。

ここは気をつけよう！

　シンキングツールは，思考を促すデザインです。例えば，今回使用した「フィッシュボーン図」は分析・焦点化・構造化するデザインです。どの場面でファシリテーションを行い，何のために，どのツールを使うかを見定める必要があります。

ステップ **1**　シンキングツールに慣れさせるための活動をする

1　シンキングツールに触れさせよう

　シンキングツールは，思考を促すデザインです。見ただけで，どのような思考活動をすればよいかがある程度分かります。教師の説明は，少なくてすみます。

　ただし，シンキングツールに初めて出会う子どもも多いです。このようなときにシンキングツールの説明から入ると，かえって子どもは混乱します。だから，説明は少なくして，シンキングツールに慣れさせるために楽しい活動をすることが第一です。

2　実践事例

　私がこの実践で使用したフィッシュボーン図（下図）も，初めは慣れさせるために楽しい活動をしました。フィッシュボーン図を拡大したものを掲示し，「滝澤先生って，どんな先生？」と問いかけました。子どもの発言をフィッシュボーン図の頭に書き込みます。「これを解釈といいます」と説明します。

　その上で，「こう考えた根拠や理由があるよね。根拠とは，滝澤先生が実際にしたこと，事実。理由とは，事実からみんなが考えたことだよ」と説明します。

　そして，「グループで解釈を1つ選び，根拠や理由を付け足してごらん」と指示します。子どもは，私の言動やそこから考えたことをいろいろと話します。教師は「一人の発言で決めてしまうのではなく，みんなが納得するように話し合おうね」と伝え

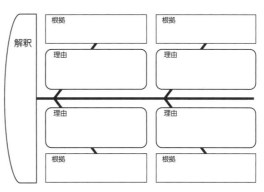

フィッシュボーン図

ながら，各グループを回ります。"魚の骨"なので，必然的に根拠や理由が複数になります。

　最後に，発表をさせます。このとき大切なことは，楽しい雰囲気をつくること。特に，ふだんなかなか発言しない子どもが話した一言を取り上げてほめたり，あいづちを入れながら聴いている子どもの姿を取り上げて紹介したりすることです。

　それとともに，「根拠や理由が複数あると説得力が増すこと」「解釈と根拠，理由がつながっている（整合性がある）こと」を，子どもが書いたフィッシュボーン図の記述をもとに確認していきます。

　このように，楽しい活動でシンキングツールに触れさせた後に，授業で活用させます。

ステップ **2** 何のために，どの場面で導入するかを明確にする

1 指導のねらいと子どもに付けたい力を明確にしよう

授業には，指導のねらいがあります。ねらいには，子どもに付けたい能力の裏付けがあります。それを達成するために，学習活動を組織するのです。

だから，ただやみくもに"わくわくファシリテーション"を行えばよい，シンキングツールを使えばよい，というわけではないのです。

私は，この単元「物語の面白さを語り合おう－『注文の多い料理店』（宮沢賢治）」を実践するに当たり，子どもに付けたい能力を「解釈と根拠，理由をつなげて表現できる力」としました。

しかし，この能力を子どもが自分自身で身に付けたか否かを自己評価するのは，難しいことです。そこで，登場人物である「ふたりのわかいしんしはどのような人物か」を検討する場面と，登場人物の関係を検討する場面で"わくわくファシリテーション"を設定しました。対話的な活動の中で，叙述を根拠にし，理由を付けて解釈する思考活動を子どもたちに繰り返し取り組ませたかったからです。

2 子どもの状況に合わせた"わくわくファシリテーション"をしよう

当初，子どもたちが"わくわくファシリテーション"を行うと，拡散はできても収束が困難であるという状況がありました。そこで，収束を促すためのツールとして，フィッシュボーン図を用いることにしました。そして，以下の単元計画を立てました。

「注文の多い料理店」の単元計画

第一次

『注文の多い料理店』を読み，作品の設定やあらすじ，構造をまとめることを手掛かりとし，自分で物語文を書くことがゴールであることを知り，単元全体の見通しをもつ。

第二次

『注文の多い料理店』を読み，設定「時・場・登場人物」や「現実世界→異世界→現実世界」の構造をまとめる。

第三次

「ふたりのわかいしんし」と登場人物の関係をまとめる。

第四次

「ふたりのわかいしんし」の顔を戻さなかった作者の意図について考える。

この第二次，そして第三次で"わくわくファシリテーション"を行うことで，小グループで話し合った登場人物像や人物関係に関する情報を，全体で検討したり，シェアし合ったりすることができます。

授業づくり

ステップ **3**　発問を精選し，学習環境等の準備・整備をする

1　発問の精選

　限られた時間内で"わくわくファシリテーション"の時間を確保するため，本時では，次の発問・指示を行いました。発問は1つだけです。

　発問1：「ふたりのわかいしんし」は，どんな人ですか。

　指示1：こういう人という解釈と根拠・理由付けをして，図に書きましょう。

　指示2：グループで発表し，まとめましょう。

　指示3：（5つのグループのまとめを掲示し）検討しましょう。

　指示4：「ふたりのわかいしんし」はどんな人か，自分でまとめましょう。

　まず，個人でフィッシュボーン図に解釈と根拠・理由を書き込ませました。次に，グループで順番に解釈と根拠・理由を発表させ，納得が得られた解釈に順序付けさせました。

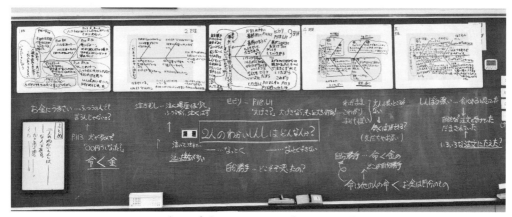

グループごとのフィッシュボーン図の比較

2　学習環境等の準備・整備

　使用する道具，板書計画は事前に整えます。大きめのフィッシュボーン図を配付し，グループごとに必要な情報を書き込ませました。授業後の，ある子どものまとめです。

> 『二人のわかいしんしは，自分のことしか考えられなくて，思い込みが強くて，こわがりな人である。自分のことしか考えられないという理由は，犬が死んだときに，まず犬の命を考えずに自分のお金がなくなったことを言っているから。思い込みが強いと思った理由は，入ったときから，注文されていることに対して，自分の思い込みの理由をつけてその注文をつけているからである。（後略）』

　グループで検討した内容も含め，自ら根拠と理由を整理してまとめた姿が見られました。

文献　田村学・黒上晴夫：2013，『考えるってこういうことか！「思考ツール」の授業』，小学館

●実践した人　滝澤　隆幸（新潟市立関屋小学校）

 理科

「予想」をみんなで推理し合う "わくわく" を『理由付けチャート』でつくってみませんか？

単元名 「状態変化」（中学校1年生）※「科学」の題材ならどこでも実践可能

「この実験をするとどうなるか？」予想の理由を検討し合うのは，とても "わくわく" する楽しい体験です。この体験を続けると，子どもは科学好きになります。『理由付けチャート』は，それを支援する推論のフレームワークです。

　実験の予想理由を子どもに書かせると，長い文章になったり，単語だけや「なんとなく」だけになったりと，教師が思い描くように書いてはくれないものです。
　そんな問題を解決するために『理由付けチャート』を開発しました。文章で書くときと比較して，次のメリットがあります。
○ 子どもが考えを論理的に表現できる
○ 自分と他者の同異を比較しやすい
○ 考えに修正や追加が容易にできる
○ 考えのあいまいな部分（仮説）が明確になる

 **ステップ 1.2.3**

『理由付けチャート』を利用して予想理由を検討すると，仮説の「検証」と「反証」による科学的な探究の楽しさを擬似的に体験できます。

ステップ 1 予想理由を『理由付けチャート』で表す。

ステップ 2 チャートの拡散→収束→反論で「仮説」を明確にする。

ステップ 3 予想が対立する「問い」を見つけ，「問題」をつくる。

ここは気をつけよう！

　なぜ「結果」ではなく「予想」を検討するのでしょうか？「結果の考察」とは，実は「……だとつじつまが合う」という仮説形成にほかなりません。それが結論となるのは，何らかの「教師のおしつけ」がはたらくからです。「予想の検討」は，子どもが自由に自分の考えを出すことができます。科学者が科学を楽しいと感じる科学的探究に近い体験をすることができるのです。

授業づくり

ステップ1　予想理由を『理由付けチャート』で表す

1　「問い」を，選択肢付きで示します

「この実験をするとどうなるか？」という問いを示します。そのとき，選択肢を付けます。

図1は，1年理科「状態変化」での問いです。過去の子どもの予想への反応から想定して，ア，イ，ウの3つの選択肢を付けました。選択肢を付けることで「問い」に曖昧さはなくなります。そのため，子どもの予想（主張）は明確になり，対立します。

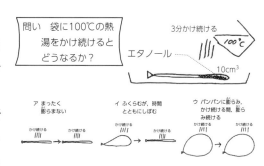

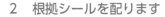

図1　状態変化での「問い」と選択肢

2　根拠シールを配ります

根拠をシールで配ります。状態変化では図2の根拠シールを配りました。

付せん紙のラベルシール24面を利用しています。印刷することができ，間違って貼ってもはがすことができるので，子どもは安心して使えます。

「根拠」とは，実験結果のように学級のみんなが"そうだ"と一致している経験事実です。3つ程度を教師がつくって，配ります。

図2　根拠シール

3　矢印と接続詞で3つの要素をつなぎます

「根拠」から「主張（予想）」へ「理由付け」を並べてつなぎます。

1つの「理由付け」は，簡潔な1文にして円で囲みます。根拠から理由付け，主張へと並べ，各要素を矢印と接続詞でつなぎます。そして，「○○説」と名前を付けます。これが図3の『理由付けチャート』です。

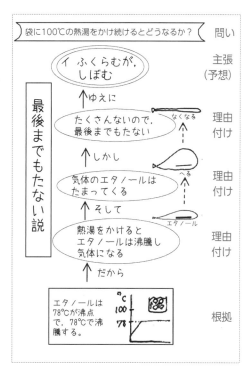

図3　理由付けチャート

こうした工夫で「なんとなく」や単語だけの理由を書くことはなくなり，子どもは根拠をもとにした論理的な予想理由を表現できるようになります。

ステップ 2 チャートの拡散→収束→反論で「仮説」を明確にする

1 全員の考えを否定せずに「拡散」する

同じ予想の子ども同士3～4人でグループをつくり，予想理由を出し合います。

まず，ある子どものチャートを書き，2人目以降は同異を確認しながら図4のように異なる部分を加えたり，別なルートを新たに書いたりして，全員の考えを否定せずに，1枚にまとめます。

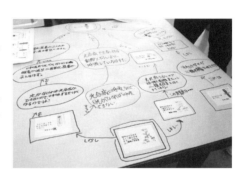

図4 班全員の考えを1枚に

2 無理せず最適化して「収束」する

図4をもとにして，別のホワイトボードに班の最適な表現のチャートをまとめます（図5）。このとき，無理に1本にするのではなく，異なる考えがある場合は，分岐したり，別なチャートを並べたりします。

この「拡散」「収束」は，予想理由を文章で書く場合は容易ではありません。『理由付けチャート』のメリットは，これを協働的にできることです。

図5 班で最適化したチャートを発表

3 論証型反論をし「仮説」を明確にする

『理由付けチャート』ができたら反論します。反論には「主張型反論」と「論証型反論」の2種類があります（図6）。主張型反論とは，イとは異なるウの主張の『理由付けチャート』をつくることです。

それに対して論証型反論は，イの『理由付けチャート』に見落しや矛盾，飛躍があることを指摘することです。図6では，イの下から3番目の理由付けに見落しがあることを指摘しています。

このような論証型反論を相互にすることで，それぞれの『理由付けチャート』のあいまいな部分（仮説）が明確になります。状態変化の場合は「蒸発とは何か？」の考えに違いがあることが明らかになります。

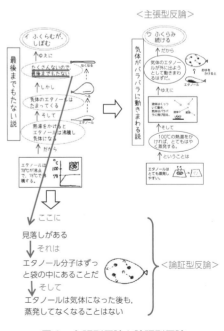

図6 主張型反論と論証型反論

ステップ 3　予想が対立する「問い」を見つけ，「問題」をつくる

1　わくわくする「問い」とは？

　予想理由の検討が"わくわく"するには，何より「問い」が"わくわく"する必要があります。

　では，どのようなときに"わくわく"するのでしょうか。

　図7のように，あるべき姿と現状とのギャップを「問題」といいます。この問題の意識をもつと，子どもは"わくわく"を感じます。

　問題意識をもつ場合は2つあります。1つは，子どもの予想と現象とのずれでもつ場合です。もう1つは，異なる予想をする他者の存在を知ることでもつ場合です。

2　科学概念と素朴概念が対立するように単元を構成する

　子どもに「エタノールをかけ続けとどうなるか」と問うと，子どもは膨らむが時間とともにしぼむと予想し，膨らみ続ける実験結果に「現象とのずれ」の問題意識をもちます（図8）。

　しかし，この問題意識をもとに学習を進めると，気体に関する科学理論などを子ども自ら発見することが必要になります。しかし，それは難しいので，教師が巧みに子どもたちを誘導することが必要になります。

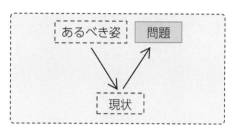

図7　「問題」とは？

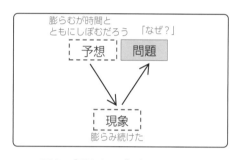

図8　「現象とのずれ」による問題

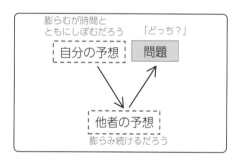

図9　「他者とのずれ」による問題

　そこで，（状態変化や気体は分子が高速で飛んでいる）などの科学理論を事前に学習するように単元を構成します。科学理論を学習しても，子どもは「蒸発するとなくなる」などの日常体験に根ざした「素朴概念」と呼ばれる強い考えをもつので，科学理論を活用できる子どもは一部に留まります。このため，予想は対立し「他者とのずれ」の問題意識をもちます（図9）。このように「素朴概念」と「科学概念」が対立する討論では，"わくわく"する科学者の科学的探究を疑似体験できます。

文献　香西秀信：1995,『反論の技術－その意義と訓練方法－』，明治図書出版
　　　新潟県中学校教育研究会：2016,『授業情報誌Class・学び合う授業』，第2号，新潟県中学校教育研究会

●実践した人　山内　伸二（新潟市立白新中学校・新潟県中学校教育研究会事務局）

このクラスでよかった!

特別活動【学級づくり】

題材名　ファシリテーションによる合意形成, 課題解決を軸とした学級づくり (中学校1〜3年生)

一人一人の想いや考えを伝え合い, 対話の中で共感・共有し, 同じ目標に向かってみんなで思考を深める。その積み重ねが安心感や自信となり, 誇りにつながります。

> ここはいつも温かく熱く, とても安心できる空間です。みんなも先生も家族同然です。

> この安心感に何度も救われました。私が個性を爆発できたのもこの安心感のおかげです。

ファシリテーション (FT) では可視化 (見える化) をしますが, それだけで望ましい人間関係をつくることはできません。「一人一人の意見を聴いて認め合う」「仲間の頑張りを認め合う」「困っている人に寄り添い合う」「弱いものいじめを絶対に許さない」といった受容的な土壌づくりを日頃から行うことで, 加速度的にFTの効果を上げます。

ステップ 1.2.3

学級目標を格好よく仕上げることよりも, 自分たちのクラスについて仲間と意見を交わし合う過程を大切にしましょう。

ステップ 1	クラス全員で一体感を味わったり, 認め合い活動を積み上げたりして, 安心感を育む。
ステップ 2	実践の積み重ねによって, 個やクラス全体の自信につなげる。
ステップ 3	クラス全員が仲間のために同じベクトルで対話し, 共感する過程がクラスの誇りを生む。

ここは気をつけよう!

「FT」と聞くと, ファシリテーターやライターを育てることや技法を身に付けさせることを重視しがちです。しかし, 大切なのはリーダー指導でも技法を上達させることでもありません。みんなに自分の意見を何でも言える, それを受け止めてもらえるという "安心感" と "信頼関係" を集団に醸成することです。

授業づくり

| ステップ **1** | 【認め合い】《中学校2年生：5〜6月》 |

1　この時期の指導ステップ

　クラス替えをして約2か月。新しいクラスの仲間にも慣れてきたころです。この時期に，生徒が「このクラスで楽しくやっていけそうだ」と思えるような演出を考えます。みんなで笑い，みんなで楽しめる経験を積み重ね，一体感や安心感を少しずつ育むことがねらいです。1年間の土台づくりのすべてが，この時期に入っています。お互いの頑張りや長所を具体的事実に基づいて可視化（見える化）しながら伝え合う"認め合い活動"を積み上げることで，クラスに温かい空気が流れ始めます。だからこそ，クラスのルールも定着しやすくなり，その中でファシリテーションの基礎が定着できます。

　声の大きい一部の生徒がクラスを動かすのではなく，互いの意見を引き出しながら合意を形成し，収束点を見出したり，目指すべき方向を設定したりする経験を積み重ねます。

2　実践事例

《いじめ見逃しゼロスクール運動における宣言文づくり》

導入　個人で「いじめをうまないためにできること」の具体的な場面と具体的な姿を考える。

展開　クラス全体で共有しながら，「そのような行動に必要な力」でラベリングを行う。

終末　個人として頑張る具体的な場面と具体的な姿を宣言文にし，クラスで発表し合う。

3　このステップで大切にすること

①　生徒一人一人が"個"で考える時間を充分に取ること

　その際，例を具体的に示すことで，表現が苦手な生徒も自分の考えをもつことができます。教師が用意した例でなく，生徒のものであればより効果的です。

②　クラス全体で共有する場面で，受容的な雰囲気づくりを定着させること

　発表者の目を見ながら話を聴く，うなずきながら話を聴く，拍手を送る，困っている仲間がいたら助ける，仲間の意見を絶対に否定しないなどのルールを徹底し，生徒一人一人が自分の意見をクラス全体に発信できる"安心感"を育んでいきます。

展開場面　　　　　　　　　　　　　　　　終末で使用した成果物

ステップ **2** 【支え合い】《9〜10月実践》

1　この時期の指導ステップ

　クラス替え後，生徒たちはFTによる合意形成や課題解決を何度か経験してきました。「この仲間なら自分の意見を受け止めてもらえるという安心感がある」という受け止めが全員に拡がったところで，ファシリテーターとライターの代替わりを行いました。

2　実践事例

《学級目標づくり》

導入　個人で「どんなクラスにしたいか」について，具体的な場面と具体的な姿を考える。
展開　それぞれの姿のつながりを可視化（見える化）し，学級目標の方向性を決める。
終末　クラスで方向性を決めたのち，各班が学級目標の案を考え，プレゼンを実施する。

　この事例では，その都度クラスみんなが納得のいく方向を話し合い，学級目標の設定の仕方を決めさせました。自分たちで考え，悩み，決めた方法であるため，どの生徒も自分ごととしてとらえ，生き生きと理想のクラスを語り合う姿が印象的でした。

3　このステップで大切にすること

① **生徒に"よきフォロワー"の姿を考えさせ，実践させる**

　その際，ファシリテーターとライターのよい姿をクラス全体の前で大いにほめ，手本の姿を共有します。また，話合いが停滞している様子のグループがあれば，「悩んでいる内容を発言するだけでも2人は助かるし，フォロワーも"自分と同じだ！"って安心するね」といったように，生徒が自発的にアクションを起こせるよう共感的な声掛けをします。

② **ファシリテーターやライターと事前打ち合わせを充分に行う**

　シミュレーションを重ねて，話合いが停滞したり，収束しなかったりしたときの効果的な方策を助言します。自信をもって頑張った2人の姿はフォロワーにまぶしく映り，「自分も次回頑張ってみよう」という前向きな輪が拡がります。また，充実感に満ちあふれ，「違う場面でも頑張ろう」といった自信や「次は頑張る仲間を助けよう」という感謝の気持ちも醸成します。これらの積み重ねが"認め合い，支え合う集団"を育みます。

展開場面

終末場面

ステップ **3**　【高め合い】《11〜12月実践》

1　この時期の指導ステップ

　一人一人の意見や想いが大切にされる学級の風土が育まれてきたころです。その集団を
ステップアップさせるためには，今までの経験を自信にし，より高い目標に向かって歩む
経験を積み重ねることが大切です。高め合いは，「認め合い」「支え合い」でできた土台を
踏み台として，より上を目指そうとジャンプする脚力づくりです。

2　実践事例

　《合唱発表会で身に付いた力を日常活動で活かし続けるためにできることを考える》

導入 　合唱発表会に向けた目指す姿に対し，クラス全体の成果を共有する。

展開 　テーマを達成するためにはどのようにしたらよいか，ワールド・カフェで視野を広げる。

終末 　個人として頑張る具体的な場面と具体的な行動を宣言文にまとめ，掲示する。

3　このステップで大切にすること

①　生徒たちの目を，気持ちよく上に向けさせる

　学級集団として成長してきた過程を価値付けします。常に生徒に寄り添い，見守ってい
る担任にしかできない"特権"です。生徒の心に響く価値付けには，具体例が必須です。映
像や写真があるとより効果的です。そして，「もっとすごい集団になりそうだね！」と笑
顔で語り掛けます。生徒は，「任せとけ！」と自信に満ちた表情を返してくれるはずです。

②　小集団での他者評価，アドバイス活動を充実させる

　自分のために仲間が真剣に考えてくれる，アドバイスをくれる，自分をこんなにも支え
てくれる仲間がいるという実感は，更に頑張ろうとする意欲をかき立てます。

③　実践内容を可視化（見える化）し，常に意識できる環境を整える

　目標だけでなく，目標を掲げるまでに仲間と話し合い，言葉を交わした過程が残るファ
シリテーション・グラフィックを掲示します。そうすることで，協働の中で生活している
安心感と，クラスのために目標を達成しようと頑張る責任感が生まれます。

展開場面

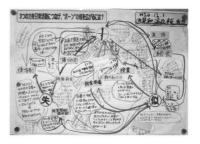
成果物の一例

●実践した人　武藤　朋美（新潟市立白新中学校）

授業
づくり

Q 「アクティブ・ラーニング」で, ファシリテーションはどう活かせますか?

A 発話しやすい場をつくり, そこでの対話を可視化 (見える化) することで, アクティブ・ラーニングの「主体的・対話的で深い学び」をより一層促進できます。

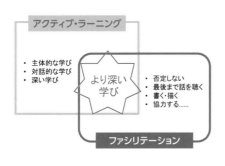

アクティブ・ラーニングもファシリテーションも, 一人一人の児童生徒を学びの主役 (主体) としてとらえ, 一人一人に深い学びが成立することを目指す点では同じです。

その際, ファシリテーションでは受容的で共感的な雰囲気の中で他者と対話し, そのプロセスを可視化 (見える化) します。それにより学びが促進され, より深い学びにつながります。

ステップ 1.2.3 3つのステップで授業を進めましょう。

ステップ 1 和やかな雰囲気をつくり, 目標・プロセス・基礎的な情報を共有する。

ステップ 2 発話を引き出したり, 編み合わせたりしながら可視化 (見える化) していく。

ステップ 3 グループごとの対話を共有し, ハーベスト (果実=成果) を全員で確認する。

ここは気を
つけよう!

ファシリテーションは, グループを作って模造紙やホワイトボードに書きながら話し合うといった技法に留まりません。"答えは場にある (参加者の中にある)"ことを信じ, みんなで新しい価値を創造していく営みです。

ステップ 1

　学びに参加する誰もが気軽に，自由に，対等に発話できる場づくりをします。一人一人が全員に向けて，あるいは4〜5人のグループのメンバーに向けて，今の気持ちや学びに期待することなどを発話し，学びの場に「チェックイン」します。

　また，そこでは「否定しない」「最後まで話を聴く」「書く・描く」「協力する」といったファシリテーションのグランドルールを共有します。

ステップ 2

　学びの目標，プロセス，情報を共有してから，話し合うテーマを設定します。そして，グループに分かれて模造紙やホワイトボードを囲み，対話を可視化（見える化）しながらテーマについての集団での思考を深めていきます。

　教師は各グループを見て回り，発話が途切れている児童生徒に問い掛けたり，励ましたりして，メンバー間の対話を促進させます。

ステップ 3

　時間がきたら，グループごとの対話を全体で共有します。可視化（見える化）したものの中から全員が納得できるものを選ばせたり，コピー用紙に端的に要約させたりすることも有効です。

　各グループの発表は，必要に応じて黒板や模造紙に可視化（見える化）し，学びのハーベスト（成果）として共有します。その後，一人一人が学びのプロセスを振り返るチェックアウトを行います。

資料 にいがたファシリテーション授業研究会：2016，「9月わくどきワークショップ」ハーベスト

●回答した人　岩﨑　保之（新潟青陵大学）

Q ファシリテーションは，
どの場面で用いると
効果がありますか？

A 主に「学習課題を追究する場面」と「学びを振り返る場面」で用いることが効果的です。

導入	学習課題を設定する
展開	学習課題を追究する
終末	振り返りをする

授業では，ファシリテーション（FT）を通して学習内容に対する子どもの理解が深まっていくことが大切です。

そのためには，自分とは違う他者の視点を得ながら思考する学習活動が欠かせません。これを組織しやすい場面が「課題を追究する場面」と「学びを振り返る場面」なのです。

ポイント
1.2.3

学習内容に対する理解の深まりを生むことをねらいます。

ポイント1 学習課題を軸にして学びを促す。

ポイント2 考えの手掛かりとなる教材との対話を促す。

ポイント3 自分と友達の学びの関連付けを促す。

ここは気をつけよう！
授業の目的は，子どもが各教科等の学習内容を獲得することです。FTをすることが授業の目的にならないようにしましょう。そのためには，「他者とかかわる必然性がある学習課題」と「学級の聴き合う関係性」も大切な要素となります。

ポイント 1

授業においては，学習課題を軸にして学びを促します。「なぜ」といった理由を問うものや，「どのようにして」といった方法を問うものなど，「考えざるを得ない学習課題」「他者とかかわる必然性がある学習課題」を子どもと設定しましょう。

また，子どもが明確に意識するために，模造紙に学習課題を書かせることも効果的です。

ポイント 2

学習課題を追究する際の考えの手掛かりとなる教材との対話を促します。教材とは，国語であれば物語文などのテキスト，社会であれば資料，算数であれば数直線や表，音楽であれば楽譜などです。

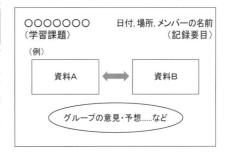

発達段階に応じて模造紙に教材を貼るのも効果的です。これにより子どもは，教材との対話を媒介にして，友達との対話を繰り返し，課題を追究します。

ポイント 3

単元や次，１単位時間の終末などにおける振り返りでは，自分と友達の学びの関連付けを促します。

そのために，自分と友達の学びがどのような関係にあるのかをFTで可視化（見える化）することが効果的です。そうすることで子どもは，「なるほど，

これも大切なことだね」「この内容とこの内容は，同じことだね」などと，学びを確かにすることができます。

文献　秋田喜代美（編）：2014,『対話が生まれる教室―居場所感と夢中を保障する授業―』,教育開発研究所

●回答した人　金　洋輔（五泉市教育委員会）

授業づくり

Q 教えることが多すぎて，ファシリテーションをする時間がとれません。

A 教えるべきことの合間にファシリテーションをしようとするのではなく，ファシリテーションをすることを前提にした授業展開を考えましょう。

「教えることが多すぎる」，それは何もかも教師が教えようとするからです。しかし，人は自ら学ぶ才能をもっています。それを活かすことで，効率がよく，しかも楽しんで学べる授業が実現できます。

子どもが学びの才能を働かせて学ぶ，ファシリテーションはその考え方であり，方法です。ファシリテーションの実施を前提とした授業展開を考えましょう。

ポイント 1.2.3　授業に対する考え方を転換することが必要です。

ポイント 1　人は学ぶためのもって生まれた才能を備えている。

ポイント 2　一斉授業とファシリテーションとメリハリのある授業展開を考えよう。

ポイント 3　ファシリテーションを行うと学習効率が上がる。

ここは気をつけよう！

人は，複数の学びのスタイルを使うことができます（見る，考える，動く，など）。しかし，個々に得手不得手があります。教師はこうした学習者に対応するための多様な教え方をもっている必要があり，ファシリテーションはその有効な考え方であり，方法です。

授業づくり

ポイント **1**

　子どもにあれもこれも教えようとする，それはすなわち，子どもは教えなければ学ばないと見下すことを意味します。見下される環境で，子どもが主体的に学ぼうとするはずがありません。

人の捉え方における
性悪説と性善説

| 生徒は主体的に学ぶことは期待できない。 | → 転換 | 人は学ぶために，もって生まれた才能を備えている。 |

『効果10倍の〈教える〉技術』より

　授業観を転換しましょう。人がもって生まれた学ぶ才能を信頼し，教師ではなく子ども自身が動き，頭を使う授業にするのです。ファシリテーションは，まさにそうした学びの方法です。

ポイント **2**

　全ての授業をファシリテーションに変えるべきでしょうか。いいえ，ファシリテーションにも適不適の場面があります。新しい知識を伝える際には不向きでしょう。しかし，その知識を活用する際には，ファシリテーションは最適です。

ファシリテーションで意見交換

　授業計画や場面に応じて，時には一斉授業で，時にはファシリテーションを用いて知識を活用し，メリハリのある授業展開を考えましょう。

ポイント **3**

　ファシリテーションを行うと，子どもは様々な考えに出会います。メタ認知能力が働き，知識と知識とがつながって自らの考えが深まります。すると，応用問題を解く際に，これらで得た知識が役立ちます。つまり，ファシリテーションを授業に導入すると，学習効率が上がるのです。

ファシリテーションでシェアリング

　ファシリテーションを行ってこそ，多くのことを効率よく学べる余裕のある授業ができます。

文献　吉田新一郎：2006,『効果10倍の〈教える〉技術－授業から企業研修まで－』，PHP研究所
　　　J.ウィルソン・L.W.ジャン：2004,『「考える力」はこうしてつける』，新評論

●回答した人　峰本　義明（新潟青陵大学短期大学部）

授業づくり

Q 対話ができる子を，どう育てたらよいですか？

A 子どもたちが安心できる発話環境をつくります。その後，対話を通して新しい考えに気付く楽しさを味わえる機会を設定します。

　一人一人の考えは異なりますが，班で話し合うと，「みんな一緒の考えだった」ということがあります。子どもは，「一緒の方が安心だ」と自分の考えを変えたのです。

　異なる考えがあったとき，「どうして，そう考えたの？」とたずねます。理由を知り「あっ，そういうことね」と自分の考えとの違いに気付き，子どもは対話することのよさを実感します。

ステップ 1.2.3

安心して発話できる環境をつくり，認め合う姿勢を育てます。

ステップ 1	話合いの約束を確認したり，約束の意味を考えたりする場を設ける。
ステップ 2	「聴く」姿勢を育てる。
ステップ 3	考える観点を示し，可視化（見える化）しながら対話を進める。

ここは気をつけよう！

　グループには，ファシリテーターやライターの役が必要です。そして，どの子もそれらの役を「うまくやりたい」と思っています。子どもたちは，何度も経験していくと，しだいに上手になります。経験する機会をどの子にも確保したいものです。

ステップ 1

まず，話合いには「約束」があることを確認します。例えば，「机はぴったり付ける」「聴き手は『いいね』『なるほど』『もう1回聴かせて』と伝えた後に必ず感想を言う」「考えの思いつかない人は，友達の考えを聴いて，自分の考えにしてもよい。ただし，自分の言葉で話す」などです。

慣れたころを見計らって，約束の意味を考えさせます。慣れてくると，子どもたちがどの約束で，どこまで話し合うか選べるようになります。

比較	類推
比べて，似ているところ，ちがうところを見つけ出す。 →きまりや性質が見えてきます。	事実をもとに，別のことを予想する。 →「これがこうだから，あれもこうなる。」と，結果を予想することができます。
仮定	**分類**
ある条件に合う事柄をあてはめる。 →「もし〜ならば，〜になる。」と見えなかった結果が見えてきます。「もし〜なら〜なるはずだ。」と間違いを見つけ出すことができます。	いくつかのまとまりに整理する。 →共通点や相違点が見えてきます。また，分け方によって，共通点や相違点が変わります。
因果関係	**序列**
これまで習ったことや経験を結び付ける。また，2つの間にある関係を見付ける。 →どうしてそうなるか（原因や結果）が見えてきます。	序列や重要度を決める。 →「こっちが大事だよ」「この考えがいいよ」と考えることで，なにが大切か見えてきます。

6つの論理的思考

ステップ 2

発言前に「ちょっと自信がないけれど…」「間違っているかもしれないけれど…」と前置きする子がいます。しかし，発言後に，友達から「なるほど！」と返ってきたら，その子は自信をもちます。「発表してよかった！」という気持ちになります。

「聴き手として使いたい言葉」を集めてみるのも方法です。「聴く」相手がいると，子どもはますます発言します。

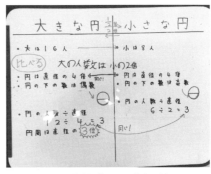

5年算数「円と正多角形」

ステップ 3

考える観点として，「6つの論理的思考」を思考方法として示します（上段図）。

はじめは，「今日は『比較』を使って考えてみるよ」と，教師から思考方法を提案します。ホワイトボードを左右で区切って可視化（見える化）し，比較しながら共通点を見出させます（中段写真）。

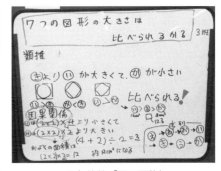

6年算数「円の面積」

慣れてくると，子どもたちは思考方法をホワイトボードに書き残します。「『序列』すると…」「これって『類推』だね」という発言が出てきます（下段写真）。思考方法を媒介にすると，子どもたちの対話が活性化します。

更に，教師は子どもたちを「そこまでよく考えたね」「すごいね」と大いにほめます。

●回答した人　石塚　晃一（胎内市立中条小学校）

Q 拡散はできるけれども，収束が難しいです。

A 拡散するだけでも，十分に学びの意義があります。その上で，学習目標に照らし合わせて，収束の仕方を考えましょう。

　私たちは拡散的よりも収束的に思考することが多く，固定観念や型にはまった思考様式にとらわれがちです。ですから，拡散する活動だけでも十分意義があります。必ずしも収束しなければならないわけではありません。

　グループだけでなく，個で収束することもあります。収束する場合は，学習目標に照らし，収束の仕方を考えましょう。

ポイント 1.2.3　収束には，いろいろなパターンがあります。

ポイント 1	KJ法的話合いやウェビングなどの活用により，整理・分類する。
ポイント 2	思考スキルやシンキングツールを活用する。
ポイント 3	明確な収束点に向けて話し合うことで，様々な気付きを生む。

ここは気をつけよう！

　拡散してからどのように収束しようかと考えると，うまくいかない場合があります。学習目標に照らして授業のゴールを想定し，拡散よりも先に収束の仕方を考えるという逆向きで授業を構成してみてはいかがでしょうか。

授業づくり

ポイント 1

KJ法的話合いやウェビングなどの活用によって，多様な気付きや考えを収束させます。例えば，①野菜づくりや職場体験活動などの体験活動における気付きを出し合い（拡散），グルーピングやラベリングをして（収束），情報を共有したり，活動を価値づけたりする，②学級目標やスローガンなどを子どもたち自身がつくり上げることで主体性を育む，などの活動において効果的です。

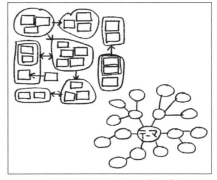

KJ法的話合い，ウェビング

ポイント 2

学習テーマに応じた思考スキルやシンキングツールを使って，収束させます。シンキングツールには，ベン図やXチャート，ピラミッド・チャートなどの様々なものがあり，一人一人の思いや考えを視覚的に表出することを助けてくれます。

それぞれのシンキングツールに対応した思考スキル（比較する，分類する，組み立てるなど）を使って収束を図ることができます。

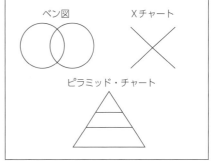

シンキングツールの例

ポイント 3

"正解が1つ"といった明確な収束点に向けて様々な視点で話し合う活動では，多様な気付きが生まれます。活動の例としては，①課題について複数の考え方を出し合い（拡散），2つか3つの主要な考え方に絞り論点を明確にして妥当性を検討する（収束），②図形の包含関係，説明文の段落の正しい順番，短歌の上の句と下の句の組み合わせなど，1つの正解を求めて関係づけたり，構造化したりする，などが挙げられます。

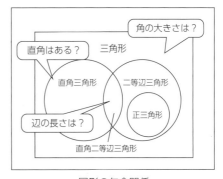

図形の包含関係

文献　関西大学初等部：2014，『思考ツールを使う授業－関大初等部式　思考力育成法－』，さくら社

●回答した人　中村　恵子（新潟青陵大学）

授業
づくり

Q ファシリテーションによる学びを，どう評価したらよいですか？

- -

A 授業プロセス全体を通して，子どもの「感受性」「思考力」「活用力」などがどのように変容したのかを評価しましょう。

ファシリテーションを取り入れた学習活動では，子どもの主体性が尊重されます。そして，学びの質も問われます。

「主体性」「学びの質」は見えにくいものです。ですから，可視化 (見える化) されたものを対象にして，一人一人の子どもが何をどう考え変容したのかを読み取る必要があります。

ポイント
1.2.3

可視化 (見える化) された評価対象から学びを読み解きます。

ポイント 1	子どもの"聴く"姿勢から，感受性の変容を見取る。
ポイント 2	コンセプトマップや授業前後の記述などから，子どもの思考の変容を読み解く。
ポイント 3	振り返りシートの記述内容などから，子どもの「活用」の変容を読み取る。

ここは気を
つけよう！

「参加態度」「後付け」のみが評価の対象にならぬよう，教師は，学ぶ過程に沿った評価の観点を作成し，査定する必要があります。この評価は，授業を通して「子どもがどのように変容したのか」が見えるものであることが重要です。

授業づくり

ポイント 1

　自分の意見と同様に他者の意見も尊重するという考え・態度は，「聴く姿勢」に表れます。子ども同士が安心して自己表現できるよう，各々が相手の語りへの感受性をもつことが不可欠です。

　そのために初期段階では，学び手がどのような聴き方をしているのかといったこと，すなわちファシリテーションのプロセスに焦点をあてて，聴き手としてのありようを見取ります。

ポイント 2

　授業前後でどのような思考の変容があったのかを，コンセプトマップや授業後の振り返りなどから読み解きます。例えば，図1と図2を比べると，図2には「連携」「養護教諭」のような新たな語が見られます。また，「不登校」に関しては，関連する語の間を線でつないでいることから，職員間・家庭・外部機関との連携という思考が生じたことを読み解きます。

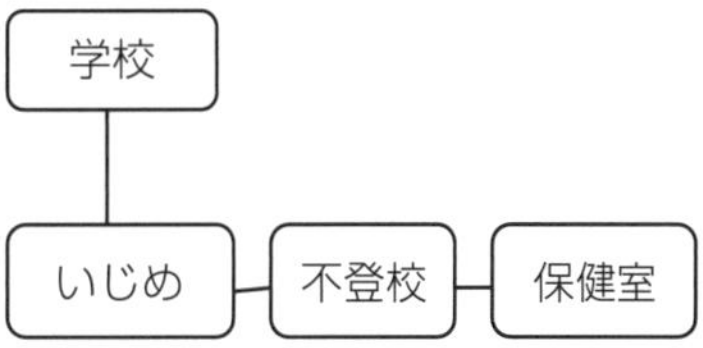

図1　コンセプトマップ【授業前】

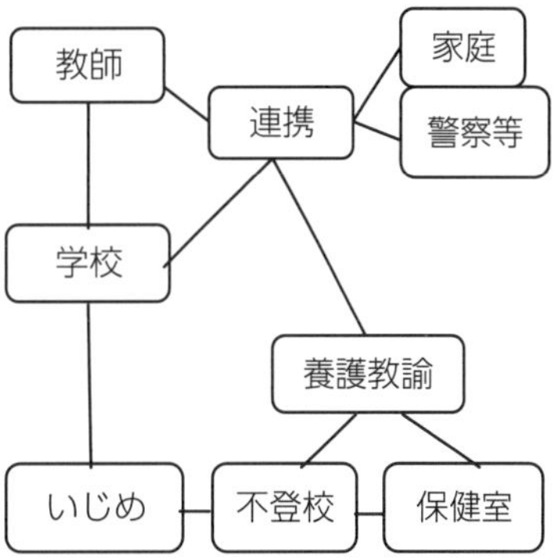

図2　コンセプトマップ【授業後】

ポイント 3

　内省を文章化させるために，振り返りシート（図3）などで思考の過程を可視化（見える化）させます。そして，そこに表れた子どもの気付き（心理的なプロセス・活用力の変容）を読み取ります。

　例えば，「…の立場で考えるようになった」「…の視野が広がった」という記述には，自分自身の思考パターンをモニターして修正するという，自己変容への気付きが表れています。

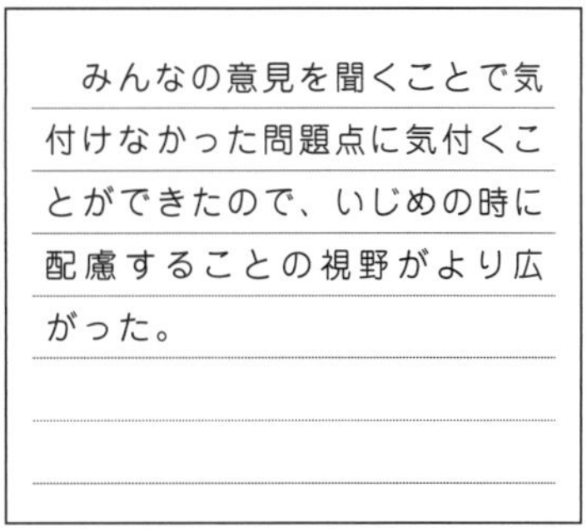

> みんなの意見を聞くことで気付けなかった問題点に気付くことができたので、いじめの時に配慮することの視野がより広がった。

図3　授業後の振り返りシート

 津村俊充：2012,『プロセス・エデュケーション―学びを支援するファシリテーションの理論と実際―』,金子書房

●回答した人　渡邉　彩（新潟こども医療専門学校）

授業づくり

Q 特別支援教育でファシリテーションを活かす際のポイントは何ですか?

A 子どもの特性に応じた支援を行い, 自分で考え表現し, 友達とつながる喜びを味わわせることです。

　思考や表現に困難を抱える知的障害や発達障害の子どもたちにファシリテーション (FT) の活用を試みました。

　皆でルールを確認することから始めて丁寧に支援する中で, 会話の苦手な子どもがうれしそうに発表し, 自分ばかり話したがる子どもが友達の意見に耳を傾けるようになったのです。自分で考え表現する喜びや自信が生まれ, まさに "わくわく" した表情で取り組む姿が増えていきました。

ポイント 1.2.3

安心して参加できる環境づくりと, その子なりの思考や表現, 友達とのつながりを促すための支援を行います。

ポイント 1 「自由に発言できる」「否定しない」というルールを徹底する。

ポイント 2 意見の簡潔化やイラスト添付などにより可視化 (見える化) を工夫する。

ポイント 3 思考や表現のヒントを提供し, 称賛・承認などにより意見を価値付ける。

ここは気をつけよう! FTには, 「公平性」「可視化」など, 特別支援教育におけるUDLや合理的配慮に結び付く要素が組み込まれています。その要素を押さえつつ, 子どもたちに応じてアレンジしながら進めましょう。

授業づくり

ポイント 1

　まずは「自由に発言できる」「否定しない」といったルールを，なじみやすい形で全体に示して確認します。上手く話せない子ども，つい否定してしまう子どもなど，個々の苦手さに応じて「最後まで聴いてくれるから大丈夫」といった不安を和らげる言葉掛けをします。FT開始後もその都度確認しますが，子どもたち同士で確認させることも大切です。安心して参加できる環境づくりに成功すれば，期待する積極性が出始めます。

ポイント 2

　意見をまとめる際は，どの子も分かる簡潔な言葉を選べるよう助言します。そこにイラストなどを添えると，よりイメージを共有しやすくなります。意見の関係性を表示する際も，線や矢印の使い方などを適宜助言します。イラストなどは得意な子どもに任せればその子の意欲が増し，全体の雰囲気もよくなります。FTの役割分担でも発表でも，個々の強みを活かすように努めましょう。

ポイント 3

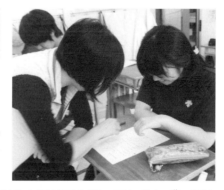

　考えをまとめて言葉にできるように，適宜ヒントを与えます。ヒント付きでも，自分で一生懸命考えて言葉を決めることは重要です。そこに称賛や承認が加わると，発表意欲も高まります。発表の場面では，個々の意見の意義やよさが分かるように解説を加えるなどして，価値付けをします。友達の意見が自分と同じでも違っても少しずつ認め合えるようになり，自然に賛同の声や拍手が起こります。その積み重ねによって，友達とつながる喜びを味わっていけるようになります。

●回答した人　根谷　聡（新潟県立江南高等特別支援学校）

Q ファシリテーション授業における教師の役割は何ですか？

A 子どもたちを"わくわく"させる火付け役になることと, 個別に対応しながらその火を絶やさないようにすることです。

ファシリテーションを初めて行ったときの教師と子ども, 子ども同士のぎこちなさに不安を感じながらも, 回数を重ね, 場を分析し, 継続していくことにより, 徐々に子どもたちも関わっていこうとするようになります。

ブレイクスルーが訪れると, ファシリテーションが"わくわく"楽しくなります。何より, 教師である私自身が楽しいです！

ポイント 1.2.3

教師自身が楽しんでいると, ファシリテーションをする楽しさが子どもたちにも伝わります。

ポイント 1 かかわりたい！もっと聴きたい！そんなテーマから始める。

ポイント 2 安心して進められるよう, 事前の指示を明確にする。

ポイント 3 将来もずっと子どもたちが使えるワザを考える。

ここは気をつけよう！

集団の特性をよく見ることも大切です。同じファシリテーション授業を行うにしても, 子どもたちはどんな背景をもって教室に集まっているのか, 人間関係はどうなのか……。それらを把握した上で, どんな出会いを演出するかがカギになります。

授業づくり

ポイント **1**

　小集団での活動を始める際に，話しやすそうなテーマで，短時間のフリートークをさせています。テーマ設定の基準は，「話合いで笑いがとれそう」「自分と相手の違いが気になって仕方がない」など，傾聴の姿勢がカギとなることです。導入の方法は様々ありますが，場の温度を共有させ，互いに安心できる環境づくりをしてから展開に臨みます。

ポイント **2**

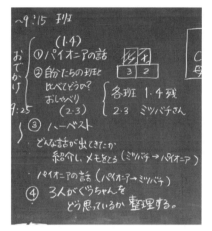

　子どもたちがファシリテーターやライターをする際には，作業前の指示を明確にしたり，作業の流れを明示したりすることに配慮します。教師は，話合いを深められるように個別対応に徹し，途中で口を挟みたくなってもなるべくこらえて"場の力"を信じるようにします。そして，"あなたを受け止めているよ"ということを自分自身の態度で示します。こうして，子どもたちが安心してファシリテーションを進められるようにします。

ポイント **3**

　私が初めてファシリテーションに出会ったのは会社員時代。自分の意見がファシリテーション・グラフィックで可視化（見える化）されて話合いが進んだら，上司や先輩に囲まれて緊張する会議が"わくわく"した場や時間に変わるだろうと考えていました。

　将来，子どもたちが社会に出たとき，職場で活用できる話合いのワザを考えるのは，教師として実に楽しいです。ファシリテーションの考え方や技術をマスターし，ワザを使いこなせる生徒を育てていきたいと思います。

　にいがたファシリテーション授業研究会（編）：2013，『みんなが主役！わくわくファシリテーション授業』，新潟日報事業社

●回答した人　青田　美香（新潟市立早通中学校）

ファシリテーションで活気ある学びに変化！
～交通安全教育の現場から～

【交通安全教育に新風を！】

これまでの交通安全教育と言えば……「自転車実技教室」のようにルールや技能を習得したり，警察官や安全協会の方から交通安全講話を聴いたりするなど，参加者が受け身となって受講するスタイルが多かったように感じます。

交通ルールやマナー，危険予測能力などを，もっと自発的に，もっと楽しく学べる方法はないものかと考えた末に取り入れたのが，ファシリテーションでした。

【実際にはどんな雰囲気なの？】

左は，地域で事故が起きた場所の写真を見て，「この場所ではどんな事故が起きやすいのだろうか？」「どんなことに気を付けたらよいのだろうか？」という設問にグループで取り組んでいる1コマです。参加者は寝そべったり，あぐらをかいたりとリラックスした姿ですが，模造紙からはみ出るばかりの書きぶりから，活気あるイキイキした空気感が伝わってきませんか？

【その結果……】

本来の目的は，事故発生件数及び負傷者数減少といった数字に結び付けることですが，すぐさま結果が出るわけではありません。ただ，参加者の意識向上につなげていくという点では，従来のスタイルよりも効果的です。

何より参加者のイキイキとした姿は，会場全体を明るさで満たします。

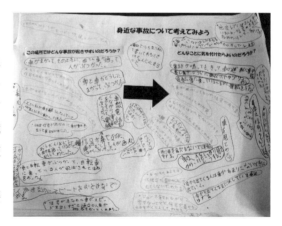

●語った人　平野　マリ子（新発田市役所）

第Ⅱ部 これでできる！
"わくわく"する学校づくり

before   after

　今日の学校においては，スクール・マネジメントやカリキュラム・マネジメントの場面でPDCAサイクルを運用することが求められています。

　これまでの学校づくりでは，校長などの管理職や教務主任などの一部の担当者が，マネジメントの担い手として位置付けられてきました。この場合，強いリーダーシップという名のもとで，トップダウンのみのマネジメントが行われることもありました。ですが，アクティブ・ラーニング時代の学校づくりでは，全ての教職員がマネジメントの担い手となってPDCAサイクルの運用に参画することが求められます。このとき，PDCAサイクルにいたずらに"追い回される"のではなく，こちらから"わくわく"する気持ちで"回す"ことができるならば，言うことなしですね。

　第Ⅱ部では，先生方が"わくわく"できる校内研修や会議の事例を紹介します。そして，学校づくりに活かすファシリテーションについて，部活動，キャリア教育や防災教育などにも触れながら，多くの先生方から研究会に寄せられる質問にお答えします。

校内研修

"わくわくファシリテーション"で, 校内研修へのより主体的な参加を促す!

授業協議会, コンプライアンス・特別支援教育研修会

「新しい知識や技術が身に付いた」「成果や課題をみんなで共有できた」, ファシリテーションを校内研修で実施すると, 先生方がそんな実感をもてるようになります。

"わくわくファシリテーション"を活用すれば, 誰もが校内研修に, より主体的に参加することができます。「自分の意見が言えた, 聴いてもらえた」「課題や成果を共有できた」, そんな実感が何よりも"わくわく"させてくれるでしょう。

さあ, みなさんも全員が主体的に参加できる校内研修を実現しましょう!

ステップ 1.2.3

できることから始めてみましょう。

ステップ 1	傾聴と可視化(見える化)を大切にしよう。
ステップ 2	気軽に書いて消せるホワイトボードから始めよう。
ステップ 3	実際の校内研修で繰り返しやってみよう。

ここは気をつけよう!

校内研修を通してファシリテーションの技法を身に付けることは大切ですが, それよりも大切なのは, その研修の本来の目的を達することです。研修本来の目的を明確にして, それを実現するためにファシリテーションをするという順番を見失わないようにしましょう。

学校づくり

ステップ 1　傾聴と可視化（見える化）を大切にしよう

　一口に校内研修と言っても次のようなものがあり，目的は様々です。

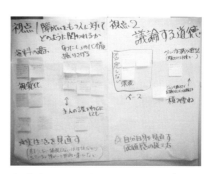

・新しい知識やスキルの習得を目指そうとするもの
・授業研究や事前事後の協議会を通して，授業技術の更なる向上を目指そうとするもの
・現状の成果・課題を洗い出し，今後の方策を練ろうとするもの　など

　いずれの目的でも，より効果的に実施するためには，参会者個々の主体的な参加が求められます。これを促すのが，ファシリテーションです。

　ファシリテーションを校内研修で活用する上で大切なポイントは，次の2点です。

①　個々の考えが，互いの「傾聴」により大切にされること
②　個々の考えや新たに生まれたアイデアが「可視化（見える化）」され，共有されること

　授業後の協議会をファシリテーションを活用して以下のように実施することで，全員参加が果たされ，個々の授業実践に活かすことができます。

事例1：付せん紙を用いた公開授業後の協議会

〔ねらい〕
　5人程度のグループに分かれて授業を振り返ることを通して，授業技術を磨く。
〔方法〕
　付せん紙を用いて，以下の手順で問題を焦点化しました。
①　個々で気付いたことを1枚に1項目ずつ付せん紙に書き留める　…　5分
②　グループ内で付せん紙を見せ合いながら，似た意見をグルーピングし，ラベリングする　…　3分
③　グループ内で焦点化された問題について，模造紙を見せながら，全体で共有する（前掲写真）　…　4分
〔留意点〕
　付せん紙に書いた文字は，グループになると見えにくくなりがちです。水性ペンを使うなど筆記用具に配慮してカバーします。
　付せん紙を使うと色分けができるので，可視化（見える化）の観点からも効果的に活用できます。

ステップ 2 気軽に書いて消せるホワイトボードから始めよう

　一口にファシリテーションと言っても，いろいろな方法があります。可視化（見える化）するために，模造紙に書いたり，A3用紙に書いたりします。

　私が好んで使うのは，ホワイトボードを活用した方法です。模造紙よりも手軽に書いたり，消したりすることができるため，書くことへのハードルが下がります。この意味で，初心者に向いているとも言えます。

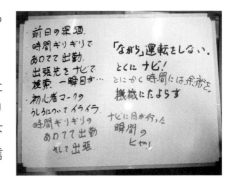

　以下に示すのは，校内で気軽にファシリテーションを導入することができるよう，ホワイトボードを活用した事例です。

事例2：ホワイトボードを用いたコンプライアンス（「非違行為」根絶）研修会

〔ねらい〕
　職員の交通安全意識を高め，非違行為の根絶を図る。

〔方法〕
　全員が主体的に参加できるようホワイトボードを用いたファシリテーションを活用します。

　学年部ごとに分かれ，5人前後でグループを結成します。ファシリテーターには，ファシリテーション初心者である若手3名を指名しました。事前にその3人を相手に私がファシリテーターとなって，3つの段階ごとにマーカーの色を変え，研修会当日と同じテーマで以下の手順で実施しました。

　①　自分で体験した「ヒヤリ・ハッと」体験の紹介（黒）　…　5分
　②　最も共感できると感じた事例の集約（赤）　　　　　…　3分
　③　これからどうしたいか，交通事故防止策の確認（青）　…　2分

〔成果〕
　いずれのグループも，全員参加による意見交換を実現できました。

　「交通事故防止策」としては，次のようなものが出ました。
　・　出張前は空き時間に考慮していただく
　・　行きと帰りで異なる経路を通って緊張感をもつ
　・　「ながら運転」をしない。特にナビ！

　この時間配分なら，その後の全体発表を5分加えても，全体で15分あればできます。ファシリテーションを導入すると，短時間でも大きな成果が実感できます。

| ステップ **3** | 実際の校内研修で繰り返しやってみよう |

ファシリテーションは，練習すれば誰にでもできるように なります。実践すればするほど，上達もします。

怖がらず，どんどんやってみましょう！

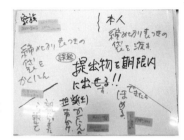

事例3：付せん紙とホワイトボードを用いた特別支援教育に 関する研修会

〔ねらい〕

　通常学級において特別な支援を要する生徒をどう支援するか共通理解を図る。

〔方法〕

　当該学級を担当する職員4人程度でグループを編成します。より多くの意見を集約 するために，付せん紙とホワイトボードを用いたファシリテーションを以下の手順で 実施しました。

　① 　事前に挙げられた課題への対応を，個々で付せん紙に洗い出す … 　5分

　② 　付せん紙を出し合ってグルーピングとラベリングをする 　　　… 　3分

　③ 　これだけは全員で取り組む，というものをグループで絞り込む … 　2分

　ポイント2で紹介した事例と同様，全体発表を含めて15分で実践できます。

〔成果〕

　多くの意見が付せん紙に挙げられ，集類されることで共通点が確認され，方向性が 見えてきました。

■**全校体制でホワイトボードを活用する**■

　私の勤務校では，授業で活用できるようA2版のホワイトボードを全学級に配置してい ます。ホワイトボードであれば，テーブルがなくても椅子を寄せ合うだけで膝上でも書く ことができます。また，デジタルカメラで撮影すれば保管場所も取りません。手軽に，し かも繰り返し使えるため，特に初心者には試しやすいのではないでしょうか。

　ホワイトボードの後ろにマグネットを取り付け，8枚のホワイトボードが黒板上で一覧 できるようにしました。その際，全てを一覧できるよう横置きにしたり，教室の後ろから でも見える文字の大きさで書いたりするなど，使う目安を決めるとよいです。

　また，細かなことですがマーカーやイレーサー等の消耗品の備蓄も意識し，全校体制で いつでも使える状態にしたいものです。

文献　ちょんせいこ：2010，『元気になる会議－ホワイトボード・ミーティングのすすめ方－』，解放出版社

●**実践した人**　佐藤　昌樹（五泉市立愛宕中学校）

職員
会議

ファシリテーション・グラフィックで，各種会議を効率化する！

職員会議, 教科部会, 学年部会

会議の過程が可視化 (見える化) されることで参加者が意見を出しやすくなり, 話合いが促進されます。

日頃, 校内で行われている各種会議でファシリテーション・グラフィック (FG) を活用することで, 話合いが促進され, 限られた時間の中で合意形成と情報共有を図ることができます。

その際, 会議の目的に応じてFGのかき方を使い分けるとより効果的です。

ポイント 1.2.3

話合いを可視化 (見える化) すると, 短い時間で成果が出る会議になります。

ポイント 1 記録型FGで, 効率よく情報を共有する。

ポイント 2 マトリックス型FGで, 効率よく話し合う。

ポイント 3 フリースタイル型FGで, 効率よく合意形成を図る。

ここは気をつけよう！

話合いを記録するときは, 発言者の言葉をできるだけそのまま使って書きましょう。また, 意見, 質問, まとめなどの内容に応じて, ペンの色を変えたり, 枠や矢印を使って関連や因果関係を構造化したりしましょう。

ポイント **1**　記録型FGで，効率よく情報を共有する

　私の勤務校は職員が60人余りと多いため，職員
会議では連絡や確認事項がかなりの量を占めます。
議題や連絡内容が多岐にわたり，分刻みで検討内容
が変わっていきます。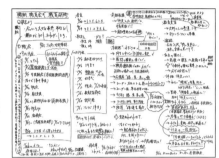

　提案者や連絡者は，その内容により，中でも重要
だと思われるものだけ発言して意見を求めます。

　議事録としてFGがあれば，重要さの程度など，
様々な発言や意見の経緯が読み取れます。

　以下に紹介するのは，情報の共有を目的とした「記録」型のFGです。

〔ねらい〕

　職員会議における重要な内容や連絡について，その議論とともにFGで書き残して
いくことで，議事録の代替となることはもちろん，後日の振り返りや提案の変更点の
確認，新たな提案にも活用します。短時間で振り返りや確認ができます。

〔方法〕

　Step I　時系列で内容や連絡を書いていく

　Step II　通常は黒，補足事項は赤，意見や変更点は青で書く

　Step III　ライターは，発言されたことを端的に模造紙に書き留める

　※　発言内容を否定したり，修正したりせず，発言のありのままを書く

　FGを活用すると職員会議の経過や論点が可視化
（見える化）されるので，単に"決まったことだけ"
の記録にならず，内容や連絡の意図も含めて記録する
ことができます。

　また，可視化（見える化）することで情報共有を短
い時間で済ませることができます。そのため，新たな
議論になる場合でも話合いの重複を避けることができ
ます。

　更に，職員会議に参加できなかった職員は，FGで内容やその議論の経緯を知ることが
できます。特に，重要な点や変更点を短時間に確認できるという点は，参加できなかった
職員にとって大きなメリットです。

　「記録」する際はホワイトボードや模造紙を使用しますが，A3用紙を使用すると掲示し
たり，広げたりする場所を気にせずに済むというよさがあります。

学校づくり

ポイント 2 マトリックス型FGで，効率よく話し合う

　教科部会などで学習指導案を検討する場面では，研究推進委員会から提示されたねらいや視点に沿って部会を進めることがあるでしょう。

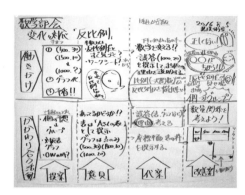

　この場合，ポイント１で前述した職員会議と同様に話し合う内容が多くなるので，限られた時間でいかに具体的な成果を出すかがポイントとなります。

　以下に紹介するのは，話合いの促進を目的とした「マトリックス」型のFGです。

〔ねらい〕

　教科部会において，授業の構想における課題提示の仕方やかかわり合う活動での働きかけについてFGを使い交流・検討することを通して，生徒が主体的・協働的に学習できる授業に練り上げる。

　【視点①】授業の目標に迫る問題意識を，生徒がもてる働きかけになっているか

　【視点②】生徒全員が課題解決に到達できる，効果的なかかわり合いのある活動になっているか

〔方法〕

　Step Ⅰ　ファシリテーターは，【視点①】について発言を求める

　Step Ⅱ　メンバーは，【視点①】について進んで意見や代案を発言する

　Step Ⅲ　ライターは，発言されたことをそのまま模造紙に書き留める

　※発言内容を否定したり，修正したりせず，ありのままを書く

　Step Ⅳ　【視点②】についても同様に行う

　話合いができる時間は，30分間という短い時間でした。そこで，上記の２つの視点を「提案」「意見」「代案」「改善案」というマトリックスに分けて，模造紙上に可視化（見える化）しながら検討しました。

　実際の教科部会では，授業者の提案を活かしながら様々な「課題提示の仕方」が検討された結果，具体的な改善案を話し合うことができました。

　その後，授業者はこのFGを参考にしながら，学習指導案の改善を図って本時に臨みました。

ポイント **3** フリースタイル型FGで，効率よく合意形成を図る

学年部会では，学年指導の方向性を話し合う際に，学年指導・学習指導・生徒指導における学年課題から課題克服のための具体策を導き出そうとすることがあります。

ここで大切なのは，職員全員が方向性を合意し，具体策を共有することです。

以下に紹介するのは，合意形成を目的とした「フリースタイル」型のFGです。

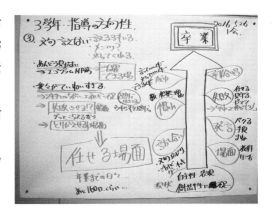

〔ねらい〕

　学年部会において，学年指導，学習指導や生徒指導に関わる方向性を検討することを通して，学年職員の合意のもとで学年の教育活動を展開できるようにする。

〔方法〕

　Step I　学年指導・学習指導・生徒指導における学年課題を洗い出す

　Step II　メンバーは，Step I を参考に課題克服のための具体策を発言する

　Step III　ライターは，発言されたことを模造紙に書き留める

　　※　発言内容を否定したり，修正したりせず，ありのままを書く

実際の学年部会では，50分間という限られた時間内で学年全体，学習面や生活面における現状を確認した上で，課題を話し合ったり，学年で取り組む方策を合意形成したりすることができました。

FGの可視化（見える化）には，チカラがあります。是非，先生方の学校でも，会議にFGを導入して"わくわく"できる会議を体験してみてください。

文献 清水義晴・居城葛明・和田一良：2002，『集団創造化プログラム』，博進堂

堀公俊・加藤彰：2006，『ファシリテーション・グラフィック―議論を「見える化」する技法―』，日本経済新聞出版社

●**実践した人**　金田　良哉（新潟市立小針中学校・新潟大学教職大学院）

学校づくり

Q ファシリテーションを取り入れると，学校がどう変わりますか？

....

A 教職員の学校運営への参画意識・主体者意識が醸成されたり，目標が共有されたりすることで，教育活動が活性化したりします。

　自校の児童生徒の強みと弱みを検討したり，教育活動の成果を評価・振り返ったりすることは，次の教育活動を再構築するために必要です。

　その際，ファシリテーション（FT）を用いて対話と可視化（見える化）に基づく評価を行います。そうすると，教職員間の合意形成，目的の明確化，目標の共有化が容易になります。

　教育活動の成果と課題が更に明らかになり，次へのステップへと進みやすくなります。

ステップ 1.2.3　一人一人が主役の学校づくりを目指しましょう。

ステップ 1	教職員がFT活用のよさを実感できる場を計画的に設定する。
ステップ 2	FTを活用して児童生徒の強みと弱み（課題）を検討し合う。
ステップ 3	全教職員が様々な教育活動で活用し，主体的な実践を重ねていく。

ここは気をつけよう！　学校の教職員は，勤務年数，年齢，性別，研究教科など様々な専門性，経験，考え方や価値観をもっています。それぞれの能力を尊重し合い，意見を引き出し合い，相乗効果を高めるために，話合いは常に児童生徒を中心にすえて行うことが大切です。

ステップ 1

　教職員がFTのよさを理解するために，職員会議や職員研修，授業案検討会，授業後の検討会などで議論の可視化（見える化）を活用します。

　意見や考えが整理され，構造化される中で，何がどのように語られ，どこに焦点が当てられたのかを明確にしていきます。だれが語ったかではなく，何が語られたかが重要です。その場からは，同じ土俵で学び合う教職員集団の協働性や同僚性が育まれていきます。

ステップ 2

　児童生徒の姿や学校を取り巻く社会環境は，毎年変化をしています。前年度の踏襲にならないよう，教職員でFTを活用して児童生徒の強みと弱み（課題）を検討し合い，教育活動のねらいを明確にし，各種計画の基盤固めをしていきます。

　教職員が教育計画の立案に参画することで，教育活動の主体者となり，互いのもつ資質・能力が相乗効果によってより高められます。そして，児童生徒の実態や状況に即した新しいアイデアが教育計画に反映されていきます。

ステップ 3

① 　場のデザインスキル：場をつくり，つなげる
② 　対人関係のスキル　：受け止め，引き出す
③ 　構造化のスキル　　：かみ合わせ，整理する
④ 　合意形成のスキル　：まとめて，分かち合う

　これら４つのスキルを意識して，授業だけでなく特別活動や「学校づくり委員会」などでも日常的にFTを活用していきます。児童生徒も教職員も「学び合い」の中で自立と協働を往還する経験を通して，未来を切り拓く確かな力の基盤を培います。

 新潟市立白新中学校編：2014，『ファシリテーションとユニバーサルデザインで創る授業—白新中100の実践—』，新潟日報事業社。堀公俊：2004，『ファシリテーション入門』，日本経済新聞出版社

●回答した人　川端　弘実（新潟大学全学教職支援センター）

学校づくり

学校
づくり

Q PDCAサイクルの運用に，ファシリテーションはどう活かせますか？

A 学校課題を明確にする場面や，実践の協働的な改善の流れをつくっていく場面で，ファシリテーションを活用できます。

年度末に行われる次年度の教育計画の作成。毎学期行われる学校評価。これらの取組が形骸化しないための工夫が必要です。

職員の総意の形成に，ファシリテーションは有効です。互いの思いをすり合わせ，学校課題を明らかにし，課題解決のための道筋について話し合っていく過程が，職員の学校運営への参画意識を高めます。

ステップ 1.2.3 丁寧な話合いを通し，納得を引き出しながら進めましょう。

ステップ 1	全職員参加の場で課題を明らかにし，次年度の重点目標を検討する。
ステップ 2	重点目標を達成するための具体的な取組を，各プロジェクトが工夫して立案する。
ステップ 3	各プロジェクトの取組を，担任が学級経営案の中で具体化する。

ここは気をつけよう！ 重点目標の策定や教育活動の立案に，職員が主体性をもって取り組んでいるかどうかが鍵を握ります。全員参加の話合いの場を通して納得を積み重ね，協働意識を高めていくことが大切です。

学校づくり

ステップ **1**

　全職員で子どもの実態を話し合い，子どもの
よさと課題を明らかにします。相手の考えを否
定しない，最後まで聴くなどのルールに従って
話し合っていくと，互いの考えがつながり，思
いが鮮明になってきます。

　次に，課題克服に向け，重点目標を検討します。育成する資質・能力を具体化し，職員
が常に意識化できる目標にすることが大切です。

ステップ **2**

　学校評価の各プロジェクトで，重点目標を達
成するためにどんな取組をしていくかを話し合
います。ここで，職員の創意が活かされます。
学校評価をするために取組を進めるのではな
く，学校評価を活用して子どもたちを成長させ
るという意識を職員がもち，アイデアを出し合います。職員の主体性が，年間のPDCAサ
イクルを進めていく原動力になります。

ステップ **3**

　重点目標達成のための各プロジェクトの取組
に対し，職員一人一人がどのように取り組んで
いくかを，学級経営案の中で具体的にしていき
ます。このとき，プロジェクト主任や管理職が
話合いに加わり，学校全体の取組との調整を
図っていきます。学級経営についても，定期的にPDCAサイクルを回していきます。

 村川雅弘：2016，「小学校におけるカリキュラム・マネジメント」，『初等教育資料』誌，2016年8月号，
東洋館出版社

●回答した人　井澤　弘子（長岡市立十日町小学校）

学校づくり

Q 授業検討会を楽しくて実りある時間にするには，どうしたらよいですか？

A ファシリテーションの手法を用いてワークショップ型の授業検討会を行うことで，みんなで授業をつくる，協働的な学びの場にすることができます。

授業者だけでなく参加者全員がよりよい授業にするという目標のもと，フラットな関係で経験や知識，専門的な考えを出し合い交流することで，一緒に授業をつくる楽しさを感じとれます。

また，教師の手立て，子どもの姿などを関連づけて可視化（見える化）することで，自己の授業に活かしていく視点や具体的な方策に気付くことができます。

ステップ 1.2.3

付せん紙を集類して意見を可視化（見える化）・構造化し，分析します。

ステップ 1	事前検討会　授業構想をもとに付せん紙に書いて意見を出し合う。
ステップ 2	授業参観　授業中の気付きを色分けした付せん紙に記入する。
ステップ 3	事後検討会　概念化シートを用いて集類したり，関連づけたりして授業を分析する。

ここは気をつけよう！

授業検討会は，授業者とファシリテーター役の研究推進委員以外にも，だれがいつ参加してもよい態勢をつくりましょう。教科や学年を超えたゆるやかな職員のつながりを組織し，教職員全員の参加意欲を育てていくことが大切です。

ステップ 1

　授業者は授業のねらいや手立て，流れといった大まかな指導内容を指導構想としてA4用紙1枚にまとめ，検討会で説明します。参加者は，授業者の思いを受けて付せん紙に疑問や意見などを書き，模造紙に貼ります。

　ファシリテーターは，付せん紙をライターとともに集類（グルーピング・ラベリング）しながら意見を引き出し，授業構想を検討します。

ステップ 2

　事前検討会を経て作成された指導案と2色の付せん紙（例：ブルーとピンク）を持って授業を参観します。よい点はブルーの付せん紙に，改善点はピンクの付せん紙に思いつくごとに書きます。

　子どもの立場で，教師の立場でと，授業の見方は様々です。参観者が授業での教師や子どもの姿を観察し，考えたことを付せん紙にメモすることで，主体的な授業への参加が促されます。

ステップ 3

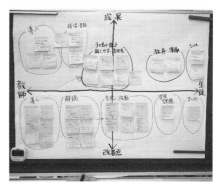

　縦軸には成果と課題を，横軸には教師と子どもを取った模造紙（概念化シート）を使います。参加者は，授業で記入した付せん紙の内容をメンバーに伝え，場所を考えながら貼っていきます。

　全ての付せん紙を貼り終えたら，ファシリテーターとライターは集類を行い，4つの概念で授業を構造的に分析して共有します。ひと目で見やすく今後に役立つ成果物ができあがります。

文献　にいがたファシリテーション授業研究会（編）：2013,『みんなが主役！わくわくファシリテーション授業』，新潟日報事業社。村川雅弘（編）：2010,『「ワークショップ型校内研修」で学校が変わる学校を変える』，教育開発研究所

●回答した人　長嶋　茂（新潟市立東石山中学校）

Q 部活動の指導で、ファシリテーションはどう活かせますか？

A チーム目標の設定、チームの課題の対応、対戦相手の戦略プランニング等、様々な場面で活用できます。話し合いを重ねることで、生徒の主体性が高まります。

　過去に経験したことがない競技は、指導が難しいです。そんなときこそファシリテーション（FT）を活用しましょう。

　横一線の関係で生徒の声を引き出しながらチームをつくっていくと、チーム内の人間関係が向上し、生徒が前向きに練習に取り組むようになります。

　部活動の保護者会でもFTで要望や願いを引き出すと、部活動への理解が深まってその後の支援が得やすくなります。

ステップ 1.2.3

ファシリテーションを活用して話し合うことで、部活動の目指す姿や方向性、課題とその解決策が明確になります。

ステップ1 チームや個人の目標を設定し、約束事を共通理解する。

ステップ2 チームの課題を明確にし、解決方法をプランニングする。

ステップ3 対戦チームに対する戦略プランニングをする。

ここは気をつけよう！

　FTを活用することで、合意形成を主体とした生徒が主役の部活動運営ができるようになります。ただ、それだけでは技能を高める指導は難しいです。専門書やDVD、学校外の指導者などから学んでいく姿勢も大切です。

ステップ **1**

チームスタート時の最初のミーティングでは，チームの目標，約束等を話し合います。

付せん紙に書いたり，顧問がライターとなってまとめたりします。FTで話し合った内容を収束し，重要な内容に絞り込んで実践していきます。

FTで決めたことを実践しようとする選手が多いのは，話し合うことで「チームの目標」が「自分の目標」となるからです。

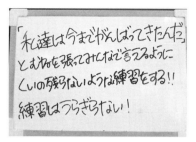

女子テニス部

ステップ **2**

試合の後は，FTで振り返りを行うと効果的です。課題が明確な場合はその解決方法を，課題がはっきりしない場合は課題を探す話合いをします。指導者が気付かなかった視点や選手独自の視点など，広い視野で話合いができます。

FTで話合いを進めると，「チームの課題」を「自分の課題」としてとらえ，その解決に進んで取り組む選手が増えていきます。

女子バスケットボール部

ステップ **3**

何度か対戦したチームであれば，対戦方法についてのFTを行うことができます。

相手チームの情報を付せん紙に書いて模造紙に貼り，グルーピングをしていきます。相手の強み，弱み等を色分けして分類する事もあります。

結果として，勝敗は別にしても確実にプレイのレベルは上がります。試合後の"やりきった感"も高まります。

①キーパーにボールが入ったらプレッシャーをかける。
②キーマンは14番。要注意！
③クロスボールに対して複数が中に入る。1人はダメ。点が取れない。
④相手からのロングボールは必ずヘッドで返す。クリアかパスかをはっきりさせる。
⑤左サイドから攻めよう。3番に対してFWがぴたりマークする。ボールへの反応が早い事を逆手に取ってフェイクで抜けるはず。

男子サッカー部

文献 にいがたファシリテーション授業研究会（編）：2013，『子どもが主役！わくわくファシリテーション授業』，新潟日報事業社

●回答した人　永野　修（新発田市立本丸中学校）

Q ファシリテーションを活かしたキャリア教育のポイントは何ですか？

A 日々の学校生活や教科，体験活動の中で，学びや気付きを仲間と意見交流することを通して，自分の考えや価値をさらに広げ，「なりたい自分」に近づくことを促します。

　学校行事や体験活動には，ねらいがあります。それを教師が子どもに分かりやすく伝え，「なりたい自分」としての目標を設定させます。子ども自らが気付き，主体的に考えを深めるには，必然性のある課題設定が重要であり，ファシリテーション（FT）等による他者との意見交流が有効です。

　また，グラフ化による評価は，子どもの内面的変化を見取りやすくします。

子ども自身が自己の成長に気付けるようにすることがポイントです。

ポイント1	1年後や卒業後の「なりたい自分」を決める。
ポイント2	体験活動後は，様々な大人との交流から，多面的な価値を見出す。
ポイント3	身に付けた力を振り返り，自己の成長に気付けるようにする。

ここは気をつけよう！

　"キャリア教育＝職場体験活動"ではありません。体験活動重視の一過性のイベントで終わらせず，ふだんの授業や係活動，生活の中で身に付けさせたい力を，子どもに分かる言葉で伝え，振り返らせるとともに，継続的なカリキュラムを作ることが大切です。

ポイント **1**

　例えば，職場体験活動の事前学習では，仕事についてのイメージの共有化を図るため，様々な見方・考え方を交流させます。そこで多くの価値に気付かせ，実際の職場で確かめたいこと，職場の方々が仕事をする上で大切にしていること，自分はどのような態度で体験に臨むかなど，学習のねらいと「なりたい自分」の姿を明確にしていきます。

ポイント **2**

　体験活動を振り返る場面では，保護者，地域，企業，行政の方々など様々な立場の大人を招くことで，多面的な意見や価値を交流させます。また，大人から体験活動に対する評価や講評を頂くことで，子どもの自己肯定感の高まりが期待できます。ここで双方向性のあるFTが有効に実施できます。子どもは，相手の意見と自分の意見を比較することで，考えを深めていきます。

ポイント **3**

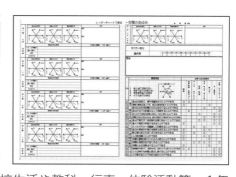

　他者からの評価を含めレーダーチャートでグラフ化し，「なりたい自分」の自己評価をします。学びの実感を可視化（見える化）することで，自己の成長や弱点に気付けます。評価項目は，学校教育ビジョンに基づくカリキュラムに合わせ，学校生活や教科，行事，体験活動等，１年間のスパンで設定します。発達段階に応じた課題について教師も子どもも共通理解することがポイントです。

文献　文部科学省・国立教育政策研究所生徒指導・進路指導研究センター：2015,「子供たちの「見取り」と教育活動の「点検」－キャリア教育を一歩進める評価－」。同上：2016,『「語る」「語らせる」「語り合わせる」で変える！キャリア教育―個々のキャリア発達を踏まえた"教師"の働きかけ―』

●回答した人　佐藤　靖子（新潟市立中野小屋中学校）

**Q 防災教育で
ファシリテーションを
取り入れたいのですが？**

A まち歩きをした後のグループワークが効果的です。子どもの理解を助け，想像力・思考力・判断力を高めます。縦割り活動なら，低学年も参加できます。

ファシリテーションを用いることで，一人では判断に悩む対処行動も，可視化（見える化）されたグループでの対話が理解を助け，様々な考え方に気付かせ，想像力・思考力・判断力を育成します。

判断・行動と理由，裏付けとなる知識をつなぎながらみんなで考える防災教育は，災害時のみならず，よりよい未来を対話から創出しようとする力を子どもたちに育みます。

大人も子どもも"自分ごと"としてとらえて進めることが大切です。

ステップ 1	身近な場所や出来事と災害を関連付け，災害を自分ごとにする。
ステップ 2	自分の地域を，ふだんと異なる視点で見て・聞いて・感じる体験をさせる。
ステップ 3	自分の命を自分で守るために，危険回避方法や大切なこと等を話し合わせる。

ここは気をつけよう！
災害種別や状況，地域性によっても行動は異なります。地域や防災の専門家等との連携をお勧めします。また，家庭や地域の理解がなければ，学んだ子どもの行動を阻害することもあります。3者共通の課題であることを伝え，ゆるやかな連携を始めましょう。

ステップ 1

　ふだんの学校や地域の写真と例えば地震が起こったときの被災写真を対比させます。こうすることで，自然災害が起こったとき，自分の身の周りにどのような危険が潜んでいるのかを具体的にイメージすることができます。

　子どもの意識が"自分ごと"に変わると，普段見ている景色が"全く違う景色に見える"ようになり，危険予測能力を飛躍的に高めます。

家庭科室にいるときに…

地震発生！

棚のガラスが割れる。食器等が落ちてくる。等

ステップ 2

　危険箇所の予測をサポートするチェックリスト・白地図・カメラ等を持ち，まち歩きをします。

　自分のまちの危険箇所，困ったときに助けてくれる人がいる場所や，災害時に役に立つ場所等を，地域の大人（引率者）と一緒に調べます。

　引率者には，子どもが自ら気付くことが大切なことを伝え，一方的に教えるのではなく，子どもに気付かせる促し方や問いかけの例を伝えます。

ステップ 3

　模造紙等の中央に地図を貼り，調べた危険箇所や役に立つ場所等をシールで色分けをして，整理します。撮影した写真と位置情報を関連付けて，写真のそばに理由などを書きます。一番怖いと思った場所の写真を一人一枚選び，その場所でどのようにして

命を守るのかを，一つずつ，全員で話し合います。"自然災害から自分の命を守るために大切なこと"を確認して，模造紙等にまとめます。

文献　新潟市立笠木小学校：2016，『笠木あそぼうさい－第2部ぼうさいまち歩き－』
　　　NPO法人ふるさと未来創造堂：2015，『ワクワクする体験型防災学習プログラムの紹介』

●回答した人　中野　雅嗣（NPO法人ふるさと未来創造堂）

Q 「地域とともに歩む学校づくり」で，ファシリテーションはどう活かせますか?

A 学校を支える様々な立場の人たちから多様な考えを引き出し，学校の新たな活動を創成したり，既存の活動をブラッシュアップしたりできます!

学校と地域との「熟議」を「学校づくり委員会」として実践しています。これは，PDCAサイクルやPDSAサイクルのP（Plan）やC（Check）・S（Study）の場面に位置付けられる重要な会議です。

地域の実情，地域の関係者や保護者の願いを引き出し，生徒・職員とともに"目指す姿"を語り合います。

ステップ 1.2.3 夢や想いを自由に語り合い，"参加してよかった!"とみんなが思える活動にすることがポイントです。

ステップ 1	地域と学校をつなぐ場のデザインをする。
ステップ 2	話し手も聴き手もペンを持ち，ワールド・カフェで意見を練り上げる。
ステップ 3	模造紙やA3用紙に話合いをまとめ，全体で共有する。

ここは気をつけよう! 　生徒・職員，地域・保護者等の参加者をバランスよくグループ編成し，チェックインによって自由に発言ができる雰囲気を生み出します。話合いのテーマを明確化するための話題提供や趣旨説明を丁寧に行うことが大切です。

参加者	過去のテーマ例
生徒・職員	◇白新中が目指す知性の高い生徒とは？
PTA役員代表	◇白新中生徒の強みや弱みから目指す姿を明らかにしよう！
コミュニティ協議会役員	◇共に歩む地域の学校としての白新中はどうあるべきか？
育成協議会役員	◇より楽しく！より地域に貢献！Brush UpしたWW活動（生徒会活動）を企画しよう！
学校評議員	

ステップ 1

　これからの話合いは，何を目的にして，だれを集めて，どういうやり方で議論していくのかといった"場づくり"から「学校づくり委員会」のファシリテーションはスタートします。

　生徒や教職員，保護者や地域の関係者が集まって，教育目標や生徒の目指す姿，地域貢献や地域活性化の視点に立ったテーマなどを取り上げ，自由な雰囲気の中で意見交換をします。

ステップ 2

　まず，ラウンド1としてテーマに沿った自分なりの考えをグループ内で発表し，模造紙に書き込んでいきます。聴き手も自由に発言しながらメモをしていきます。関連するもの同士を○で囲んだり，線で結んだりして構造化していきます。

　次に，ラウンド2としてグループ内の1人を残し，他のメンバーは他のグループに移動して話し合うことを繰り返し，練り上げを進めます（ワールド・カフェ）。

ステップ 3

　ラウンド3として，他のグループを回って得た考えやアイデアを自分のグループに持ち帰り，グループ内でまとめの話合いをします。

　模造紙やA3コピー用紙にまとめ，全体の前で発表して共有します。その後，地域の関係者や保護者の方から講評していただきます。

　その結果は，「学校づくり」に向けた成果の確認と今後の行動計画づくりへとつなげます。

文献・資料　堀公俊：2004，『ファシリテーション入門』，日本経済新聞出版社。
　　　　　　加藤彰：2014，『ロジカル・ファシリテーション』，PHP研究所。

●回答した人　松嶋　一（新潟市立白新中学校）

Q ファシリテーションを
全校で導入したいのですが，
何から始めたらよいですか？

A ファシリテーションの基本について全教職員で理解を深めるために，教科・クラス運営での活用の具体策をつくる校内研修を実施しましょう。

学校全体でファシリテーションを導入して実践を進めるときには，ベースとなる知識や経験を共有することが必要です。

また，研修をした後は「各自で活かしてください」と任せるのではなく，研修の中で具体的なアクションプランを作成し，研修後もチームをつくって振り返りや評価をし合うことが大切です。

ステップ 1.2.3　"わくわく"しながら学べる研修にしましょう。

ステップ 1	今日の流れ・目的確認，チェックイン，アンケートゲーム
ステップ 2	演習① 3人インタビュー，演習② ファシリテーション会議
ステップ 3	振り返り・まとめ，チェックアウト

ここは気をつけよう！　校内研修を実施する際は，まずは外部講師を招いて指導を受けたり，外部のファシリテーション研修に複数人で参加したりしましょう。その後，そこでの経験をフィードバックする校内研修をチームで企画・実施することをお勧めします。

ステップ 1

今日の流れ，目的確認

　学校全体でファシリテーションを導入する意義や研修の流れ，ゴールを共有しましょう。

チェックイン

　今の素直な気持ちを数人で2～3分で共有します。「テストの採点が終わっていません。でも頑張ります！」という具合にです。

アンケートゲーム

　「児童生徒のよいところ，気になるところ」を付せん紙に書き出した上で全体化し，現状の把握を全員で行います。

ステップ 2

演習①　3人インタビュー

テーマ：「子どもたちのために実践したいこと」

　聴き手は，話し手を引き出す質問をしながらテーマに迫り，書き手は話し手の言葉をありのままに可視化（見える化）していきます。

演習②　ファシリテーション会議

テーマ：「ファシリテーションをどのような場面で活用できるか，していきたいか」

　模造紙を囲みながらテーマを深めていきます。

ステップ 3

振り返り，まとめ

テーマ：「教科等やクラスにおけるファシリテーションの導入場面とその方法」

　まずは，参加者一人一人で考える時間をとります。A4用紙に大きく書いてグループ内で共有したり，全体に発表したりします。

チェックアウト

　研修での学びや気付き，明日への一歩を共有し合います。

 みらいずworks：2016，『教育ファシリテーション入門―人と集団が成長する場をつくる―』，みらいずworks

●回答した人　本間　莉恵（NPO法人みらいずworks）

作って楽しい，使って便利な "わくわくファシリテーション" グッズ

"わくわくファシリテーション" をさりげなく支えるのが様々なグッズです。自作アイテムならファシリテーターのムードで "わくわく" がますます盛り上がること間違いなし！

作って楽しい「ホワイトボード（WB)」

書き消しが自由自在！自作ラミネートWBにはこんな利点が！

- 安い！（10円程度/枚〜）
- 挟む紙は自由！色分け・枠を付ける・形を変えるなどのアレンジが可能で，両面を使える！
- 薄くてかさばらない

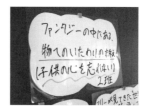

字が少し消えにくい，コシがなく持ちづらいという短所もありますが，長短を知った上で上手に使い分ければ "わくわくファシリテーション" の助けになります。

作って楽しい「自作WBクリーナー」

最近よく見かけるようになってきたのが "100均" のフェルトです。

名刺サイズでカットすると60枚以上も作れます。"100均" の磁石をくるむと，金属WBでの使い勝手もUP！

作って楽しい「不要な紙筒を使ったペン立て」

写真屋さんで頂ける廃棄物「印画紙の芯」はオススメです！象が踏んでも壊れなさそうな強度と，太めの水性ペンが8本程度入る絶妙な内径。厚紙や薄板を接着して底を付ければ完成です。

大判印刷機のロール紙の芯も丈夫です。ただし長すぎるので，刃の細かいノコギリかチップソーを付けた電動ノコギリで切りましょう。

ナチュラルな白・茶の表面は描き込みがしやすいです。マスキングテープで色分けしたり，書き込みをしたりすることで，グループの目印にも活用できます。

くじ引き用に神様っぽくヒゲや翼を付けて「クジの神様」にしているファシリテーターもいるとか。神様から直接引いたら，ハズレでも受け入れるしかないですね（笑）。

作って楽しい「ロールシロフォン」

ブザーの代わりに心地よい音でファシリテーションの時間を区切りたい，そんな方は作ってみませんか。２ミリ厚ほどの板を好みの長さに切って，１センチ以下の間隔で台座に貼り付けてビー玉を転がすと，カラコロといい音がします。癒やしのアイテムとしても人気！

使って便利「マグネットクリップ」

"100均"で３〜８個入りで買えます。ラミネートWBに使うと，付せん紙のように扱えて便利です。

KP法（紙芝居プレゼンテーション）で進めるときにもお勧めです。

ポケットにじゃらっと入れてどうぞ。

使って便利「ハンガークリップ」

衣料品店で頂けます。ちょっと変わった掲示法ができますよ。冊子や書籍をそのまま挟んでつるせちゃうのも，このクリップならではです。

使って便利「えんたくん」

膝に乗せる段ボール製の円卓です。直径１ｍ。みんなの膝で支えるので，自然に協働します。気持ちの距離も縮まって会話がどんどん弾みます。

使って便利「まなボード」

この写真にいろいろ書き込みたい。でも，再利用もしたい……。そんなときはこれ！

「まなボード」はB3サイズのホワイトボード。表面に透明シートが重なっているので，ワークシートなどを挟んで書き込みができます。

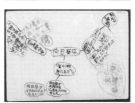

使って便利「ホワイトボードシート」

この壁がホワイトボードになれば……，そう思ったら使ってみてください。見た目は巨大な食品ラップ。静電気で壁に張り付き，簡易ホワイトボードになります。静電気がなくなってもテープで貼ればOK！ホワイトボードを多く準備したいけれど手元にないというときに便利です。

参考ホームページ　「えんたくん」㈲三ケ日紙工　http://www.段ボール.net/
「まなボード」泉㈱　http://www.izumi-cosmo.co.jp/manaboard/

●紹介した人　関野　幹裕（新潟市立内野中学校）

　　　　　　　　　【わくわくファシリテーション】の魅力を語ります

ファシリテーションで授業観，子ども観が変わる
～学びとは "わくわく" する楽しいもの～

　「学び」というとどんなイメージが湧きますか。私は，大学1年生のときにファシリテーションに出会うまで，学びとは「先生から与えてもらうもの」「つらいもの」「真面目でつまらないもの」というイメージを抱いていました。

　しかし，ファシリテーションによる "共に学び合う双方向のスタイル" を知ってから，学びとは「自分で生み出すもの」「楽しいもの」「わくわくと発見があるもの」というイメージに変わりました。その後，大学の授業に対する私の学び方は，180度変わりました。ノートはファシリテーション・グラフィックで書き，自分なりに要点をまとめるようになりました。分からないことは自ら調べ，現場に積極的に足を運んで動きながら考え，振り返りながら学ぶようになりました。

　それは，「学びとは，自ら問い，考え，気付き，行動し，生み出すもの」という考え方への転換でした。加えて「地域や社会，日々の生活の中に "学びのたね" は眠っている」という発見でもありました。

　また，学び手である子どもたちや学生をどうとらえるかも変わっていきました。指導しなければならない受動的な存在という見方から，自律した主体的な学び手として見方をとらえ直したのです。先生方からはよく「うちの生徒にできますか」「これはできないと思います」という声を聞きます。でも，実際に授業をしてみると，先生方の予想を上回る子どもたちの姿があります。

　まずは，「与えたい」「伝えたい」という思いをグッと我慢して，子どもたちが気付くまで待ってみましょう。子どもたちを「できる」と信じ，この本で紹介している事例の中で，できそうな実践から "わくわくファシリテーション" を始めてみましょう。最初はうまくいかなくても繰り返し実践することで子どもたちは少しずつ手応えを感じるようになり，やがて "わくわく" しながら自ら学ぶようになるでしょう。

●語った人　小見　まいこ（NPO法人みらいずworks）

あとがき

　にいがたファシリテーション授業研究会が立ち上がってから，6年ほどになりました。

　研究会では，3年前に『みんなが主役！わくわくファシリテーション授業』というタイトルで本を出しました。その時は，「わくわくファシリテーション」という言葉をそれほど強く意識して使っていなかったように思います。自分たちの実践を振り返りつつ，ごく自然に出てきた言葉だったと思い出します。

　しかし，2作目となるこの本では，私たちが実践研究しているファシリテーションを最も強く性格づけている言葉として"わくわくファシリテーション"を用いています。

　ファシリテーションは，話合いを円滑に進めたり，話合いの成果をその後に持続させたりするのに非常に効果的です。それを更に一歩進めて，だれもが常に楽しいと感じ，次もまた参加したいと思えるような"わくわく"したものにする。それが，私たちの"わくわくファシリテーション"です。アクティブ・ラーニングが提唱され，推進されている時代にあって，何よりも参加者の"わくわく"感を大切にすることは，大きな意義をもつと確信しています。

　この本は，前書よりも更に手軽に，気軽に"わくわくファシリテーション"を実践できるよう意識して構成しました。まずは目にとまったページを開き，試してみてください。そして，授業や会議を終えた後，昼食時や昼休み，終会や下校時のいわば解放された時間に交わされる，子どもたちや先生方の話し声に耳を傾けてみてください。きっと，その日のファシリテーションのことを話題にしている声が，どこからともなく聞こえてくることでしょう。

　そうした声が聞こえてきたとき，子どもたちや先生方に"学びの継続"や"学びの主体化"が実現されつつあることを実感するでしょう。そして，あなたご自身の"わくわく"感が更にアップすることを実感するでしょう。

　最後になりましたが，本書の刊行に際して御高配を賜りました新潟日報事業社出版部の羽鳥歩様，田宮千裕様に感謝申し上げます。

にいがたファシリテーション授業研究会顧問　野上　正栄

編者紹介

にいがたファシリテーション授業研究会

「ファシリテーションを用いて子どもが主役の授業づくりを拡げる」ことを目的として，学校の教職員，行政の職員，まちづくりやNPOに携わるメンバー，学生らが“ゆる〜く”集まって活動している任意団体です。

ブログ　http://niigataft.blogspot.jp/

著者紹介（五十音順）

青田	美香	新潟市立早通中学校	永野	修	新発田市立本丸中学校
井澤	弘子	長岡市立十日町小学校	中村	恵子	新潟青陵大学
石塚	晃一	胎内市立中条小学校	根谷	聡	新潟県立江南高等特別支援学校
岩﨑	保之	新潟青陵大学　※編集代表	野上	正栄	新潟市教育相談センター秋葉区
金田	良哉	新潟市立小針中学校・			教育相談室
		新潟大学教職大学院	平野マリ子		新発田市役所
川端	弘実	新潟大学全学教職支援センター	本間	莉恵	NPO法人みらいずworks
小見まいこ		NPO法人みらいずworks	松嶋	一	新潟市立白新中学校
金	洋輔	五泉市教育委員会	峰本	義明	新潟青陵大学短期大学部
佐藤	昌樹	五泉市立愛宕中学校	武藤	朋美	新潟市立白新中学校
佐藤	靖子	新潟市立中野小屋中学校	山内	伸二	新潟市立白新中学校・
関野	幹裕	新潟市立内野中学校			新潟県中学校教育研究会事務局
滝澤	隆幸	新潟市立関屋小学校	渡邉	彩	新潟こども医療専門学校
長嶋	茂	新潟市立東石山中学校			
中野	雅嗣	NPO法人ふるさと未来創造堂	（イラスト　荒井　晴美）		

これでできる！わくわくファシリテーション
　　—アクティブ・ラーニング時代の授業づくり・学校づくり—

2016年11月25日

編　者　　にいがたファシリテーション授業研究会

発行者　　鈴木　聖二

発行所　　新潟日報事業社
　　　　　〒950-8546 新潟市中央区万代3丁目1番1号
　　　　　TEL 025-383-8020　　FAX 025-383-8028
　　　　　http://nnj-book.jp

印刷・製本　　ウィザップ